# BEI GRIN MACHT SICH IHR WISSEN BEZAHLT

- Wir veröffentlichen Ihre Hausarbeit,
  Bachelor- und Masterarbeit

- Ihr eigenes eBook und Buch -
  weltweit in allen wichtigen Shops

- Verdienen Sie an jedem Verkauf

## Jetzt bei www.GRIN.com hochladen und kostenlos publizieren

Patrick Willner

# Politische Kommunikation und Wahlkampfmanagement

GRIN Verlag

**Bibliografische Information der Deutschen Nationalbibliothek:**

Die Deutsche Bibliothek verzeichnet diese Publikation in der Deutschen National-
bibliografie; detaillierte bibliografische Daten sind im Internet über http://dnb.d-
nb.de/ abrufbar.

**Impressum:**

Copyright © 2007 GRIN Verlag GmbH
Druck und Bindung: Books on Demand GmbH, Norderstedt Germany
ISBN: 978-3-656-11419-2

**Dieses Buch bei GRIN:**

http://www.grin.com/de/e-book/187907/politische-kommunikation-und-wahlkampf-
management

**GRIN - Your knowledge has value**

Der GRIN Verlag publiziert seit 1998 wissenschaftliche Arbeiten von Studenten, Hochschullehrern und anderen Akademikern als eBook und gedrucktes Buch. Die Verlagswebsite www.grin.com ist die ideale Plattform zur Veröffentlichung von Hausarbeiten, Abschlussarbeiten, wissenschaftlichen Aufsätzen, Dissertationen und Fachbüchern.

**Besuchen Sie uns im Internet:**

http://www.grin.com/

http://www.facebook.com/grincom

http://www.twitter.com/grin_com

Philipps Universität Marburg
FB 03 Institut für Politikwissenschaft
Hauptseminar „Wahlkampf im internationalen Vergleich"

Sommersemester 2007

# Politische Kommunikation und Wahlkampfmanagement

REFERATSVERSCHRIFTLICHUNG
PATRICK WILLNER

# Inhaltsverzeichnis

**Politische Kommunikation, Wahlkampf und Wahlkampfmanagment**

# 1. Wahlkampf

Als Wahlkampf wird im engeren Sinne das direkte Werben von Parteien oder Kandidaten um Stimmen kurz vor einer Wahl bezeichnet. Im weiteren Sinne lässt sich der größte Teil des Verhaltens von Parteien oder Kandidaten vor einer Wahl dem Wahlkampf zurechnen. Der Wahlkampf erfüllt hauptsächliche zwei Funktionen. Zum einen soll er die Unterstützer einer Partei noch einmal motivieren, zum anderen soll er dazu dienen, die noch unentschlossenen Wähler zur Stimmabgabe zu bewegen. Da die traditionelle Bindung an Parteien abnimmt, gewinnt der Wahlkampf zunehmend an Bedeutung.

In den letzten Jahren wird eine Veränderung der Wahlkampfführung beobachtet. Während der traditionelle Wahlkampf, besonders in Deutschland, von einfachen Parteimitgliedern betrieben wurde und sich auf die Werbung vor Ort konzentrierte, nimmt die Bedeutung der Medien zu. Gleichzeitig wird konstatiert, dass der Wahlkampf sich immer mehr professionalisiert, das heißt von professionellen Werbeagenturen betreut wird, und sich in Form der Personalisierung auf einzelne Spitzenkandidaten beschränkt. Als exemplarische Beispiele werden der Wahlkampf von Bill Clinton 1992 oder der von Tony Blair 1997 genannt. In Deutschland wurde der von der Wahlkampfzentrale *KAMPA* betreute Wahlkampf der SPD vor der Bundestagswahl 1998 als bedeutender Wechsel in der Wahlkampfführung bezeichnet. Erstmals gab es Kundgebungen mit Infotainment, Moderatoren wie Frank Buschmann, Holger Pfand oder Peter Kunz, Talkrunden und Musik-Acts.

# 2. Politische Kommunikation, Wahlkampfmanagement / Wahlkampfberatung

### 2.1 Was ist politische Kommunikation?

Politische Kommunikation als integraler Bestandteil des politischen Prozesses gehört zu den Kernaufgaben der Demokratie. Sie soll dazu beitragen, politische Prozesse zu vermitteln, um den Menschen den Zugang zu politischen Meinungs- und Willensbildungsprozessen zu ermöglichen (vgl. Dörner 2001.)

Politische Kommunikation soll mehrere Aufgaben erfüllen: sie soll Politik sichtbar und erfahrbar machen, insbesondere für die Bevölkerungsschichten die über keine unmittelbaren Erfahrungen und Vorkenntnisse über Komplexe politische Prozesse oder das politische System besitzen. Sie soll Orientierungs-, Vorstellungs-, und Deutungsmuster vermitteln, erforderliche Werte und Konsensformen anbieten, Identifikation und einen emotionalen Zugang zum politischen System ermöglichen und soll die Öffentlichkeit mit Herausforderungen, Themen und alternativen Gestaltungsmöglichkeiten konfrontieren.

### 2.2 Methodik der politischen Kommunikation

Die Methode der politischen Kommunikation ist der Wahlkampf. „Was die Wahlkampfführung zur politischen Kommunikation macht, ist das brisante Gemisch aus politischen Ereignissen und Webekampagnen, aus politischen Theman, Persönlichkeiten und Werbebotschaften" (Radunski 1980:7) darüber hinaus wird „Ein bedeutender Teil der Politikvermittlung im Rahmen der politischen Kommunikation wird im Wahlkampf geleistet" (vgl. Schicha 2003:3)

### 2.3 Wahlkampfberater/Wahlkampfmanager/Spin Doctor

Durch die Professionalisierung von Wahlkämpfen sind Wahlkampfberater und Wahlkampfmanager (Spin Doctors) für die moderne politische Kommunikation unabdingbar geworden. Es geht einem *Spin Doctor* nicht um die Vermittlung einer bestimmten Ideologie, sondern darum, seinen Auftraggeber, dessen Politik oder andere Personen oder Ereignisse in einem möglichst positiven (oder auch negativen) Licht darzustellen. Das entspricht im Grunde dem klassischen Lobbyismus. Er arbeitet mit Bildern, Inszenierungen (z. B. *Fototerminen*, Events für die Kameras der Presse) sowie PR, und nutzt die Medien für seine Ziele (z. B. Agenda-Setting). Dabei bleibt er meistens als graue Eminenz im Hintergrund, taucht also selten selbst in den Medien auf.

### 2.4 Die Rolle der Politiker und die Personalisierung der Politik

Der komplexe Wahlmarkt zwingt Politiker dazu, eine für ihn Erfolg versprechende Strategie zu wählen und ein zu seiner Person passendes Image zu kreieren. Dafür lässt der Politiker sich professionell von Werbeagenturen und Wahlkampfmanagern beraten.

Bei der Strategiewahl unterscheidet Radunski in *Personalisierungsstrategien* wobei die Fixierung auf einen Spitzenkandidaten (CDU 1969, SPD 1976) und symbolischen Handlungen (Fahrrad fahren, selbst Einkaufen) liegt und *Imagestrategien,* hier bei wird der Kandidat in einem Image verpackt *(P*acking the candidate und real candidate). Dies ist aber nach Radunski kein sehr weit reichendes Mittel im Wahlkampf „Es gibt kein Warenhaus in der modernen politischen Kommunikation, in dem sich Politiker – je nach Bedarf – das ihm gemäße Image kaufen und anziehen kann" (vgl. Radunski 1980:18-19) Die Professionalisierung besteht vielmehr in der Entwicklung von Konzepten, die eine Verbindung von Politik und moderner Kommunikation ermöglichen. Die dafür notwendigen Kompetenzen eines Wahlkampfmanagers definiert Radunski wie folgt: (Radunski:.24f)

Der Wahlkampfmanager *muss*:
- mehr kennen als nur die Politiker der Partei, für die er arbeitet. Er muss umfassende Informationen über die Person, die Partei, deren Geschichte und programmatische Ausrichtung besitzen
- hoch engagiert sein und auch politisch zur Partei stehen
- der Partei angehören
- die innerparteiliche Organisation und Willensbildung kennen
- Entscheidungsfreudig sein
- unmittelbaren Zugang zu seinem Kandidaten haben und an allen wichtigen Besprechungen über die Wahlkampfführung teilnehmen

- Budgethoheit haben
- den Zeitplan des Wahlkampfes bestimmen

*2.5 Die Roller der Werbeagenturen*

Der Einfluss der Werbeagenturen auf die Kampagnen der Parteien hat mit Beginn der 1960er Jahre in Deutschland aufgrund der wachsenden Komplexität und Bedeutung der politischen Kommunikationsspähre abgenommen (vorher lief die Wahlkampfführung meist neben der Politik, was sich aber mit fortschreitender Mediatisierung nicht mehr länger aufrecht erhalten lies). Die Parteien haben dazu gelernt und sind eigene Wege gegangen, haben selbst Agenturen gegründet, Studien in Auftrag gegen und Fachleute eingestellt. Entscheidend ist aber auch die Erkenntnis das Politische Werbung sich von kommerzieller Werbung erheblich unterscheidet.

Den Werbeagenturen fallen vier wesentliche Aufgaben zu: (Radunski: 39f)

1. Ausführung des Werbekonzeptes mit Ideen und Gestaltung
2. Aktionen und Promotion
3. Werbeorganisation und Administration
4. Etatberatung und Mediaplanung

Die temporäre Zusammenarbeit von Agenturen und Parteien kann in drei Modellen definiert werden:

1. Zusammenarbeit mit einer Full-Service Agentur
2. Zusammenaarbiet mit einer parteieigenen Agentur
3. Zusammenarbeit mit mehren Agenturen nach dem Prinzip der Integration

Wie wird die Zusammenarbeit koordiniert? Ziel soll eine einheitliche Steuerung sein. Es kann aufgrund der Zusammenarbeit mehrer Agenturen zu einem Koordinierungsproblem kommen.

---

Modell der Zusammenarbeit mit Agenturen für den Bundestagswahlkampf am Beispiel der CDU:

Agentur A: Zielgruppenkampagnen
Agentur B: Etatberatung – Mediaplanung – Produktion – Steuerung
Agentur C: Mitgliederwerbung
Agentur D: Institutionelle Werbung
Agentur E: Konzepte für Personal- und Programmdarstellung der Partei
Agentur F: Fernsehwerbung – Hörfunkwerbung

Diesen Agenturen werden nach Konkurrenzpräsentationen Festaufgaben vergeben für:
*Wahlkampf-Werbeline*
*Anzeigen*
*Wahlkampf Illustrierte*

---

*2.6 Die drei Kampagnen im Wahlkampf*

Im Wahlkampf wird die gesamte Kampagne in drei Subkampagnen organisiert. Zuerst die Kampagne in den Massenmedien dann eine allgemeine Werbekampagne und als letztes die Parteien- und Mobilisierungskampagne.(vgl. Radunski: 33)

*2.7 Meinungsforschungen*

In der Politik wird Meinungsforschung zum einen in der Wahlforschung verwandt, zum anderen in der Befragung zu spezifischen Politikthemen. Demokratietheoretisch stößt dies oft auf Kritik: die Ausrichtung der Politik an der Meinungsforschung höhle traditionellere und bewährte Formen der politischen Willensbildung aus. Die Orientierung der Politik an der durch unsichere Konzepte erhobenen wankelmütigen Meinung werde populistische anstelle von inhaltlich richtigen Lösungen bevorzugen. Meinungsforschung beruht auf einer Datenanalyse. Dabei werden durch Befragungen auf der Basis eines repräsentativen Querschnitts der Bevölkerung Primärdaten gesammelt und anschließend interpretiert. Die Befragung kann entweder persönlich (CAPI), per Telefon (CATI) oder durch einen Online-Fragebogen erfolgen. 1953 wurden die ersten Meinungsumfragen von der CDU für Wahlkampfüberlegungen genutzt.

Was kann die Meinungsforschung und Wahlforschung für den Wahlkampf leisten?

1. Grundstimmung und Grundtrends
2. Themenanalyse
3. Profile der Kandidaten und Parteien
4. Analysen der Wahlergebnisse
5. Nachwahluntersuchungen
6. Innerparteiliche Kommunikationsstudien
7. Massenkommunikationsstudien
8. Werbemitteltests für die Wahlkampfwerbung
9. Semantische Analysen
10. Redentests

Meinungsforschung ist ein wichtiges Hilfsmittel für Wahlkampfüberlegungen aber auch keine vollkommene Grundlage für ein perfektes Marketing.

# 3. Politisches Marketing

Politisches Marketing ist mit dem Marketing kommerzieller Produkte nur bedingt vergleichbar. Es gibt bedeutende Unterschiede: Unter Non-Profit-Marketing (im deutschsprachigen Raum auch oft Sozialmarketing) versteht man ein strategisches Marketingkonzept für nicht primär gewinnorientierte Organisationen (NPO).

Geht es im "klassischen" Marketing primär um die Profit- und Absatzmaximierung durch genaue Analyse der potenziellen Kunden und Erweckung neuer Bedürfnisse nach Produkten und Dienstleistungen, liegt das Ziel des Non-Profit Marketings grundsätzlich im Bestreben soziale Ziele (Mission) zu erreichen, d. h. - Fundraising: Erhöhung der Spendeneinnahmen - Förderung ehrenamtlichen Engagements - Verkauf von Dienstleistungen, z. B. im Bildungsbereich - Veränderungen von Einstellungen - Social Marketing (Du bist Deutschland) - Verhaltensmodifikationen (Gib Aids keine Chance - Kondome schützen)

| kommerzieller Markt: | Wahlkampf (Wählermarkt) |
|---|---|
| Ablauf kann linear geplant werden | keine Produktwerbung |
| Markenartikel sind plan-, und steuerbar | geringe Plan-, und Steuerbarkeit |
| geringer Einfluss externer Faktoren | viele externe Faktoren |
| variable Marketingzieldefinition | ständig ändernde Situationen |
| | nur ein Marketingziel |

*3.1 Grundregeln des politischen Marketings*

Es gibt vier Leitprinzipien im politischen Marketingprozess:

1. COHERENCE (Zusammenhang), besagt das alle Entscheidungen in der Kampagne miteinander abgestimmt werden müssen

2. SYSTEMATIC RE-EXEMINATION OF EARLIER CAMPAIGNES (Systematische (nicht wieder)- Benutzung bereits verwendeter Kampagnen), besagt, das der gesamte Kommunikationsprozess und die Kampagne jedes mal neu strukturiert und aufgebaut werden muss

3. MINIMAL DIFFERENTIATION stellt die Eigenschaften eines Politikers in den Mittelpunkt um ihn dadurch von seinen Kontrahenten zu differenzieren

4. MAXIMUM SECRURITY soll eine größtmögliche interne Absicherung ermöglichen und ein Gefährdung des Kanditaten verhindern

### 3.2) Beispielhafte Planung einer politischen Kampagne:

Planungsphasen im politischen Marketingprozess:

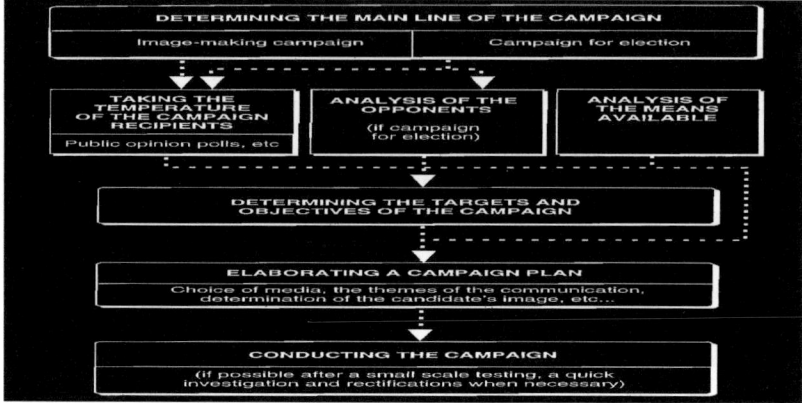

1. **Bestimmung der Kampagnenart**

   a. Imagekampagne

   b. Wahlkampagne

2. **Feldanalysen**

   a. Stimmungslage ermitteln

   b. Gegneranalyse

   c. Hauptthemen der Zeit analysieren

   d. Strategiewahl – primäre Ziele auswählen

Differenzierung der Bevölkerung in drei Zielgruppen:

   i. The search for opnion relays (Multiplikatoren gewinnen)

   ii. Segmenting the population

   iii. Political afinity

i.)

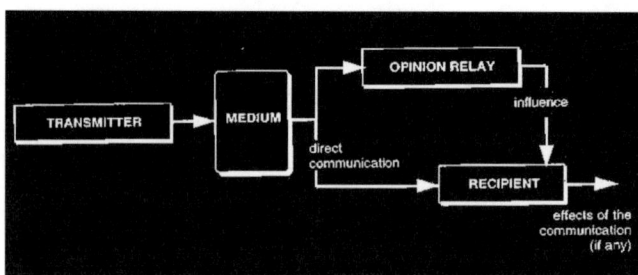

ii.)

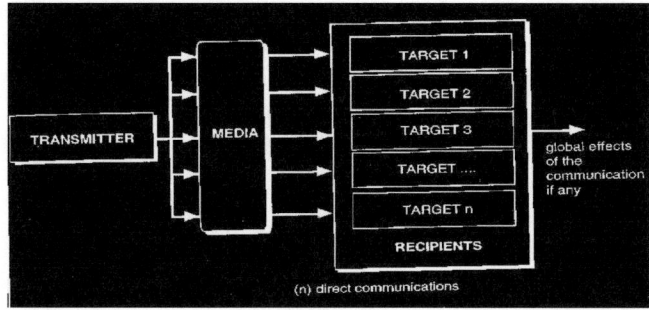

iii)

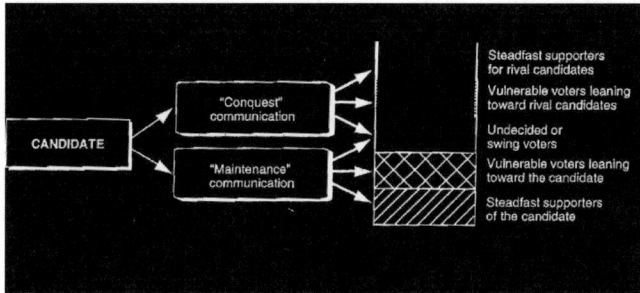

(Grafik: Maarek S.36-38)

Analyse der Bevölkerung nach:

- Multiplikatoren
- soziologischen Standardkriterien (Geschlecht, Alter, sozialer Lage, Lebensstil und Konsumverhalten)
- Politischer Affinität

An dieser Stelle im Kampagnenprozess muss das (a) *politische Image* des Kandidaten kreiert und (b) das *Thema der Kampagne* definiert werden. Bei der Imagekreierung wird die „Unique selling proposition" (USP) Methode verwendet (vgl. Maarek 41).

USP-Methode:

(1) Highlighting the ´difference´
(2) A disire for simplification

9

Es gibt aber immer unkontrollierbare Faktoren, z.b. Unkompatibilitäten zwischen dem Image des Politiker und der Person sowie die generelle Unkenntnis über die zukünftige Entwicklung des Images.

*Das Thema der Kampagne* wird nach Maarek wird nach den Prinzipien:
- simplification
- overall harmonization

und der Vorgehensweise:
- Limitierung der Themen
- Kampagnenrichtung auswählen

ausgewählt.

→ Ende der „ theoretischen Vorbereitung"

## 4. Der Kampagnenplan

   a)  Aufstellen des Zeitplans für die Kampagne

   b)  Erstellen eines korrelierenden „Mediaplans"

Bei der Erstellung des Zeitplans sind zwei Daten von zentraler Bedeutung: 1. der Starttag der Kampagne und 2. der Tag an dem die Kampagne anzieht. Bei der „Beschleunigung" der Kampagne sind vier Möglichkeiten denkbar:

   (1)  eine Kampagne mit progressiver Beschleunigung

   (2)  eine Blitzkampagne

   (3)  eine Step-by-Step Kampagne

   (4)  eine Stopp-and-go Kampagne

## 5. FAZIT: politische Kommunikation und Wahlkampf

Die Methode der politischen Kommunikation ist der Wahlkampf. „Was die Wahlkampfführung zur politischen Kommunikation macht, ist das brisante Gemisch aus politischen Ereignissen und Webekampagnen, aus politischen Theman, Persönlichkeiten und Werbebotschaften" (Radunski 1980:7) Somit ist der Wahlkampf das zentrale Mittel der Parteien um mit der Bevölkerung zu kommunizieren. Bei der Wahlkampfplanung gilt es viele Faktoren zu berücksichtigen, die vielschichtigen Veränderungen bei der Planung von Wahlkämpfen seit 1960. Hier sind insbesondere der Wechsel von einem sequenziellen Wahlkampf zu einem permanenten Wahlkampf von Bedeutung und die zunehmende Nutzung des

Internets. Da auch die traditionelle Bindung an Parteien abnimmt, gewinnt der Wahlkampf zunehmend an Bedeutung. In Sinne der politischen Kommunikation werden die Parteien defacto gezwungen ihre Strategien hauptsächlich an der Wahl zu richten.

Dies spiegelt sich in einem hoch professionalisierten Wahlkampf heutzutage wieder. Parteien planen wie z.b. die SPD mit KAMPA einen vielschichtigen modernen Wahlkampf. Die dabei angewanden Strategien unterscheiden sich nur wenig von den professioneller Werber. Methodisch, analytisch und empirisch werden die Wähler analysiert und für jede definierte Zielgruppe ein geeignetes Programm ausgearbeitet.

Ein beispielhaftes Vorgehen zeigt z.b. Maarek in „Political Marketing and communication" auf sowie Peter Radunski in „Wahlkämpfe, moderne Wahlkampfführung als politische Kommunikation", der einen allegemeingültigen Überblick anbietet.

# 6. Literatur:

Holtz-Bacha, Christina (2005): Kampagnen politischer Kommunikation: Zur Internationalisierung und Konvergenz moderner Medienwahlkämpfe. In: Esser, Frank/Pfertsch, Barbara: Politische Kommunikation im internationalen Vergleich. Grundlagen, Anwendungen, Perspektiven. Wiesbaden: Westdeutscher Verlag, 240-258

Maarek, Phillipe, J. (1995): Political Marketing and communication. London: Libbey, 25-28

Plehwe, Kerstin (2003): Mit Dialogmarketing zum Wahlerfolg, ios media

Radunski, Peter (1980): Wahlkämpfe, moderne Wahlkampfführung als politische Kommunikation. München: Ozlog-Studienbuch, 7-45

Schicha, Christian (2003): Die Theatralität der politischen Kommunikation. Iserlohn: BiTS